바람의 사람

장충길 시집

시인의 말

한낱 씨앗 같은
생각을 벗어 던지고
감히 존재 앞에 서다.
출렁이는 세상 속으로 떠나기 전
비릿한 어느 해변을 거니는 느낌.
그러나 바다 저편으로부터 불어와
온몸을 스치는 바람에서
꽃 이후의 분명한 기쁨을 감지한다.

2008년 10월
장 충 길

차 례

● 시인의 말

제1부 개화

개화 —— 10
피터처럼 —— 11
황홀한 기쁨 —— 12
불화 —— 14
사랑의 본질 —— 16
언어들이 아프다 —— 18
섬을 위한 변명 —— 19
문 열어라 꽃아 —— 20
바라봄 —— 22
섬 —— 24
느릅나무 애벌레 —— 26
조각공원 —— 28
어떤 죽음 —— 30
일몰 —— 31
수술 —— 32
네 잎 클로버 발견기 —— 34
순대국밥 —— 36

낙엽, 밟히다 ──── 37
어메이징 그레이스 ──── 38
결혼의 비밀 ──── 40

제2부 아름다운 풍경

단풍나무 ──── 44
내장산 입구에서 ──── 45
까치가 얼어 죽은 날 얼음 밑을 흐르는 ──── 46
세상은 ──── 47
아름다운 풍경 ──── 48
천국 ──── 50
여인의 웃음 ──── 51
행복한 우리 집 ──── 52
부용이 핀다 ──── 54
어둠 속의 만찬 ──── 56
새벽에 누가 울고 있다 ──── 58

詩—돌의 모략 ———— 60
돌 ———— 62
산에서 길을 잃다 ———— 64
이별연습 ———— 66
무엇을 보려고 해는 떠오르는가 ———— 67
시인들의 밤 ———— 68
치욕의 순간 ———— 70
은검초 ———— 72
포옹 ———— 74

제3부 여의도 시편

원죄 ———— 76
여의도의 봄 1 ———— 78
여의도의 봄 2 ———— 80
갸륵한 눈길 ———— 81
벚꽃축제 ———— 82

나무와 비의 탱고 ─── 84
전설 ─── 86
붉은 강 ─── 88
어느새 여의도에 가을이, 온다 ─── 90
매미 ─── 92
변곡점 ─── 93
여의도공원 천사 ─── 94
여의도공원·겨울 ─── 96
전쟁 1 ─── 98
여의도공원·새 ─── 100
어느 프로듀서의 봄맞이 이야기 ─── 102
여의도공원·폭설 ─── 104
바람의 안테나 ─── 105
한 줄 긋다 ─── 106
여의도 소나무 ─── 107

■ **장충길의 시세계** | 박남희 ─── 109

제1부

개화

개화

고요히 꽃이 피고 있다.
형언할 수 없는 아픔인 것이다.

노래는 바람처럼 스치고
빛은 해와 달을 공처럼 굴린다.

꽃이 피려고
노래와 빛은 미움이었다.
소리는 모호하고
물질은 궤도를 잃었다.

공허를 내지르며
고요히 꽃이 피고 있다.
형언할 수 없는 아픔인 것이다.

피터처럼

낮달 뜨는 달동네
아직 대낮인데 어디선가 닭이 운다.

길게 우는 닭에게 지난 반나절은 깊은 어둠이고
남은 반나절은 마침내 다가올
아침 같은 신부新婦인가.

본능적으로 아는 어둠과 밝음의 경계를
닭이 착각했을까.

닭이여, 네가 목을 빼고 우니
모든 가난한 자들 넓은 마당으로 나가
가슴을 치며 운다.

예수를 저주한 피터처럼
내가 죄인이라고.

황홀한 기쁨

바람이 나를 듣는다.
우주의 이쪽에서 저쪽까지
한걸음에 내달아
크고 작은 별들을 만들고
별과 별 사이 질서를 세워
황홀한 기쁨을 노래하게 하는
태초의 바람이
어느 날 내게로 왔다.

바람이 나를 듣는 것에
나는 번개처럼 전율했다.
민망한 눈과 귀를
바람을 향해 열어두고
나는 준비도 없이
바람을 따라 나서
광야와 도시를 휘돌다
불타는 산에 이르렀다.
거기서 옷을 불살랐다.
눈과 귀를 불태웠다.
입술을 지졌다.

그리고 나는 소멸되었다.

바람이 내 안에서
내가 되었을 때, 나는
원초의 기쁨을 노래하는
바람의 사람이 되었다.

불화

나는, 침묵하지 못하고
말이 많아 귀가 심심하다.

귀가 열리는 것을
두려워하는 입술은
끊임없이 말 거는 사물들을
구태여 외면한다.

있는 그대로며
먹고산 사연들
알뜰살뜰 나누고 싶어
고요히 귓불을 만져주는
침묵 속의 묵음.

비죽비죽 새나와
손 흔드는 꽃이고 싶지만
아예 꽃 대궁을 꺾고
짐승처럼 울부짖는 입술은
염병이다.

우리가, 아직 불화한 것은
귀가 없기 때문이다.

사랑의 본질

갈가리 흩어진 마음들이
빗장 푸는 법을 잊은 채
사랑의 주먹질에 내질린다.

사랑은
흔히 말하는 섹스,
한때 끓어오르는 열정,
달콤한 알약,
땀 흘리는 노동,
삶을 위한 진수성찬,
생식을 위한 본능, 또는
무엇을 위한 무엇이 아니다.

사랑은
긴 겨울의 끝
꽃을 기다리는 어리석음,
누릴 대로 다 누리고도
여전히 허기진 무덤의 뼈들,
빗장을 부수고 들어와
네 안의 견고한 성을 빼앗는

가장 잔인한 살육.

사랑은
선택하는 순간
은밀히 작동하기 시작하여
닫혔던 자궁을 열고
가득한 죽음을 유전한다.

언어들이 아프다

모든 상처는 복수를 자행한다,
치료되기까지.

상처 난 아이는 성인아이의 삶을 산다,
용사가 되지 못하고.

성인아이는 자주 길을 잃는다,
탕자인 채.

탕자는 떠돌며 자신을 살해한다,
아버지에게 올 때까지.

상처는 치료를 위해,
성인아이는 성숙을 위해,
탕자는 귀가를 위해

악역을 맡아 스스로 학대한다,
고통으로 점철된 언어들.

쉼을 위한 변명

어둠에게, 빛에게, 시간에게 쉼이 필요하다는 걸 모든 경로를 통해 메시지를 보내지만 숨을 틀어막고, 귀마개 솜을 쑤셔 넣고 악마적으로 무책임하게 질주하는 짐승의 도시에서 한밤중에 잠을 깨니 창마다 불이 켜 있고 누군가 울음을 울고 모터가 굉음을 빻고 우주는 회전하는 신음을 낳고 심장은 불안에 떨고…… 홀로 자고 있었다는 생각에 곰곰 침실을 들여다보니 뒤척이는 꿈의 여정에서 스러지고 일어나는 어둠, 빛, 시간의 범벅. 차라리 쉼을 위하여 말똥말똥 시를 짓는다.

문 열어라 꽃아*

구내식당 자장면 한 그릇에 배부른 영혼아,
그대 무엇을 더 원하는가,
꽃이 묻는다.

해와 달, 뭇 별들 서로 주고받는 이야기와
뭍과 물에 깃들이는 모든 생물들,
나고 죽는 비밀, 다 알지 못해도 좋으니
내 연약한 영혼이 나를 존중하는
그 자부심과 극진함으로
꽃아, 너를 사랑하게 해다오.

평생을 두고 쌓아 온 견고한 성
깊은 궁궐 내실에서 너를 맘껏 사랑하여
너와 나의 사랑의 힘으로
해와 달, 별들과 뭍과 물에 사는 모든 생물들
다 합친 것보다 더 값진
우리가 되도록
너에게 이르는 문을 열어다오.

네가 울 때나

구겨진 종이처럼 스스로 버림받았다고
확신하는 순간에도
언제나 어여쁜 꽃아,
구내식당 자장면 한 그릇에도
높은 집 산해진미에도 입맛을 잃은 것은
너를 사랑하지 못하여 깊이 병들었음이로다.
나로 하여금 너를 내 생명처럼 사랑하게 해다오.

* 서정주의 시 「꽃밭의 독백―사소단장」 중에서.

바라봄

꽃에 대한 기억,
환호 속에 죽어간,
홀로 죽어간,
친숙하기도 끔찍하기도 한,
키스처럼 달콤한,
절체절명인.

심연을 더욱 심연 되게 만드는 성취들,
미사여구를 읊조리며,
고상하게,
잔을 부딪치며.

삶의 내역들,
날카로운 이성과
탑 같은 지성을 가지고도
어찌할 수 없는,
스스로 통제할 수 없는.

굴욕과 아픔들,
 지금도 물고 늘어지는,

다 이해할 수 없는 무질서와 질서 앞에
마음 꿇는.

꽃의 죽음,
허무를 더욱 허무로 드러내는 문학*을 넘어
직면한,
명확한.

못 볼 것을 보기 시작하다.

---

* 허무를 더욱 허무로 드러내는 문학 : 이어령 전 문화부장관이 2007년 일본에서 기독교 세례를 받고 행한 강연 중에서 인용.

섬

흐르는 섬이 흐르다가 고여
지상의 가장 낮은 곳을 적시느라
시야를 흐리는 욕망의 꼬리,
지나가는 사랑의 지느러미를 잡으려
고요히 기다리고 있네.

기다리며 아파하는 섬,
본래 섬은 흐르는 것이었다.
춤을 추고 깃을 치는 너울이었다.
그러나 흐름을 멈춘 섬,
파도는 잠자고 물비늘은 한가로이
빛나네. 평화로운 죄를 탐닉하네.
흐르는 것을 붙잡고
왜 흐르느냐 시비하는 바다를
수정을 닦는 천 조각 같은 부드러움으로,
교활함으로 만져주네.

흐르지 않고 기다리는
이제 섬이여, 요동치는 처음 모습 그대로
다시 흘러라. 스스로 닳으며 피안이겠느냐.

안정된 침대이기를 바라느냐.
흐르는 것들을 흘려보내라,
흐르는 것들끼리 출렁이는 세상으로.

느릅나무 애벌레

느릅나무 애벌레야,
너는 잔가지 하나 같은 세상에 모든 것을 걸었구나.
너의 웃음과 눈물을 뚝, 뚝 뜯어내 점묘로 장식하던
모네 따위의 유파에서 벗어나 너는 네 길을 가는구나.

너를 찍어 누르면 터져 나오는 시퍼런 체액으로
벽화를 그리듯 행위예술을 실연하며
발기발기 찢어진 조상들의 형해가 눌어붙은 느릅나무를
너는 그저 기어오르는구나.

그러나 봄에 느릅나무 잎이 왜 그렇게 늦게 나오는지,
느릅나무 잔가지며 잔잎이 왜 그렇게 평온한지,
나무 꼭대기에 어떤 세상이 있는지
꿈에도 모른 채
땅에 끌리는 바이올린*처럼 기는 것은
너는 파란 피를 가진 느릅나무 애벌레이기 때문이야.

네 몸의 파동은 제자리에서 들썩거릴 뿐이잖니.
그렇게 느리게 다다른 가지 끝에서
번데기가 되고 우화羽化하는 것이 너의 일생인 것을

너는 모르지. 무식한 느릅나무 애벌레야,
오직 꿈틀거리며 기는 일에 너는 모든 것을 걸었구나.

* 비디오아티스트 백남준의 행위예술 작품 「땅에 끌리는 바이올린」.

조각공원

조각공원을 빙 둘러보는 눈,
모자이크를 꿰어 맞추듯 요모조모 들여다본다.

거울 속 잘 다듬어진 잔디와 정원수,
돌, 나무, 금속과 플라스틱으로 쪼고 얽은
온갖 물체들, 주인 행세하며
낯선 관람자를 감상한다.
흐릿한 밤의 불빛 속에서
갑자기 생기를 얻어
어둠 속을 걸어 다니는 토우들.
밤안개가 뿜어져 나오는 계곡에서
얼개는 얼개를 낳고
형상은 또 다른 형상을 복제한다.
존재하는 모든 것들 사이
경계가 사라지고,
진짜와 가짜가 무의미한
복제 프로그램들 둥둥 떠다니는
매트릭스 산책로
연결회로를 돌고 돌아
숨 막히는 압력을 마지막 순간에 날려버리는 로그아웃,

클릭 후 화이트, 블랙이 교차하는
조각공원 깊은 밤.

관람자는 살해되고
조각이 인간이 되는,
새로운 왕이 동굴 속에서
신화처럼 걸어 나오는 꿈을 꾼다.

어떤 죽음

팽팽한 시월 하늘 위로
깃털 하나 날아오른다.

먹고 마시고 입는,
무거운 것들로 가득 찬 세상
날개를 달 수 없어
다 끊고 자르고 몸뚱어리도 버리고,
마지막엔 꿈마저 버거워
욕심난 삶들에게
한 보따리 던져주고
깃털은 우주여행을 떠난다.

그대가 사랑한 것은 무거운 것들이었다.

일몰

눈부신 꽃, 오묘한 단풍,

진저리치다 스러지는 빛 바라기,

푸른 산 강 바다, 노란 해 달 별,

깨진 사금파리, 녹슨 시선들

우주에 먹물이 풀리기 전

서둘러 산책을 끝내다.

수술

한때는
채워도, 채워도 차오르지 않는
마시고 또 마셔도 목마른
울어도, 울어도 마르지 않는
먹고 또 먹어도 배부르지 않는
죽여도, 죽여도 죽지 않는
보고 또 보아도 흡족함이 없는*
가도, 가도 도달할 수 없는**
오르고 또 올라도 끝이 없는

독, 물, 눈물, 밥, 욕정, 눈*, 성城**, 계단.

아슬아슬 손에 잡힐 듯
절실했는데
이제는 거추장스러운 옷.

홀로 삼키는 울음을
함께 울어줄 사랑을 위해
발가벗고
몸에 칼을 허락한다.

* 성경 잠언 중에서 따옴.

** 카프카의 소설 『성城』에서 취함.

네 잎 클로버 발견기

양재동 시민의 숲 뜰, 비둘기 날갯짓마저 허락하지 않고
햇빛과 바람의 코빼기를 틀어쥐는 고요가 순간적인 것은
근처 고속도로를 질주하는 자동차들 때문일까.

그 고요한 순간이었다.
내 안의 어디에선가 소용돌이치기 시작한 욕망은
오래 전에 예고된 타협의 산물이었지.
휴일 아침 산책로에 몰래 기어 들어온 쓰레기들의 손짓,
그것이 유혹하는 전쟁의 시작인 줄도 모르고
아내를 위하여 한 송이, 딸을 위하여 또 한 송이,
네 잎 클로버 두 송이 뽑아들고 순순히 집으로 돌아가려 했지.

내친김에 아들을 위하여 한 송이 더, 하며
바짓가랑이를 붙잡기에 못이기는 척
시선을 모으고 숨죽여 기다렸더니 기다림에 지칠 때쯤
황홀한 부식腐蝕을 헤집는 벌레들의 발톱 같은
네 잎 클로버, 셋째 송이 기어이 발견되고 말았지.

올가미에 놓인 미끼의 음험한 냄새를 애써 외면하느라

입술로 시구詩句를 읊조리며, 숲과 햇빛과 바람과 하늘과 땅,
그 사이 충만한 모든 것들 또는 사랑하는 가족이
나를 위한 네 잎 클로버라고, 짐짓 고백하면서 내 눈은
슬금슬금 자라는 풍요의 젖가슴을 탐했지.(그것은 우상숭배지.)

돈, 몸, 똥(명예), 끼(사랑)의 제단 신상神像을 위하여
나를 위한 네 잎 클로버 넷째 송이 연극처럼 나타나는 순간,
어질증을 앓는 눈앞에 비둘기 떼는 화들짝 날아오르고
햇빛은 일곱 색깔로, 바람은 나뭇가지에 빗금을 그으며 달아났지.

개똥이 발효하는 숲길에 삶의 우화들 분비물처럼 흩어져 있고
네 잎 클로버 지천으로 깔린 풀밭에서 나는 엉덩이를 쳐들었던가,
무릎을 꿇었던가, 시간가는 줄 모르고 쪼그려 앉아 있었지.

순대국밥

영등포시장 원조 순대국밥집 순대국밥 한 그릇 시켜놓고
먹을 때마다 밀려드는 행복감을 도무지 막을 수 없다.
자주 거짓으로 살다 순대국밥 그 구수한 맛에
나도 모르게 취해 나사가 풀리는지
돈 없어도 부요하고, 지식 없어도 부끄럽지 않고,
귀천 없고, 가식 없고, 도농都農도 남녀노소도 없이
평등하고, 겸손하고, 자유롭고, 진솔해지는 걸
어쩌지 못한다.

그곳에 가끔 잘난 체하는 놈 있어도
순댓국에 소주 한 잔 걸쳐 그저 기분이 좋아
호기를 한 번 부려 볼 뿐, 오히려 다대기 양념일 뿐
다 용서가 되는 것들이다.

영등포시장 순대국밥집에서
나는 왕후장상王侯將相이나 인기배우가 아니라서
행복하고 또 행복하다
순대국밥 덕분이다. 영등포시장 순대국밥이 최고다.

낙엽, 밟히다

포스트모던하게 바스러지기 위해, 바스러지는 소리를 위해 재약산* 좁은 길에 짓밟히는 자유. 낙엽은 꿈의 껍질 또는 연극의 끝이라고 예쁘게 말하는 것은 디지털 어법에 어긋남. 내일 다시 일어날 것이 너무 당연하듯 굿 나이트 하며 황홀히 침실에 눕는 각시신랑. 활과 현이 수직으로 부딪는 치열한 정점 절대음을 위해, 철저한 해체를 위해 낙엽, 밟히다.

* 재약산載藥山 : 경남 밀양시 표충사가 있는 산.

어메이징 그레이스

영등포로터리를 어슬렁거리는 산책길에서
길 잃은 개를 보았지.
씽씽 차들이 달리는 도로변 관목 뒤에서
시커메진 털을 털면서
잠시 숨을 고르는 개의 여유를 엿보는 순간,
나는 더 이상 도시가 두렵지 않았지.
길 잃은 애완견의 절망을 알까.
한껏 길들여진 입맛과 주고받은 교태들,
개이면서 사람인 줄 착각하던 시간들,
따뜻한 침대와 옷과 향기로운 음식들,
하루아침에 날려버리고
저 무자비한 도시를 홀로 헤매다
살아남은 것은, 이 순간을 위함인가.
몸은 수척하고 눈은 겁먹었으나 신선했다.
호사스러움을 공급하던 주인은 무엇인가,
개를 인간처럼 대하던 안락의 집에서
그것이 다인 줄 먹고 마시고 새끼치고
그렇게 살았네. 그것이 그것이었네.
그러나 모든 것을 잃고 지금 살아 있음은
진실한 주인이, 손으로 짓지 않은 집이

따로 있기 때문이지.
난폭한 찻길 생사의 갈림에서 전율하는
잃어버림에 대한 경험이 없었다면
익숙한 것들이 오히려 올무였음을 깨닫는
이 경이로운 야성의 순간은 오지 않았으리.
나는 길 잃은 도시의 개처럼 살 용기를 얻네.

결혼의 비밀

강력접착제로 붙인 종이 두 장을
감쪽같이
처음처럼 나눌 수 있다는 것,
이혼이란 그런 것이다.

가령
둘이 결혼해서 아이를 낳았는데
아이 몸을 톱으로 켜 둘로 나누어 가지겠다는 것,
이혼이란 그런 것이다.

잔인한 말 같지만
그것은 사실일 따름이다.

21세기의 어느 저녁,
너와 나의 가정이 살아 있다는 것,
겉모양은 살았지만
속은 죽은 영혼이 살고 있든지
아니면 기적이든지
둘 중 하나일 것이다.

날마다 이혼하지만
은총으로 유지되는 몸의 비밀.

제2부

아름다운 풍경

단풍나무

늦가을 깊고 큰 숲으로 가면 거기 불타는 나무를 보리라. 가장 늦게 단풍드는 단풍나무.

내장산 입구에서

내장산 입구 산이마
훨훨 춤을 추는 나무들,
처진 영혼을 비틀고
흐린 눈 비늘을 찌른다.
도대체 사람이 나은 것이 무엇인가.
나무가 귀찮을 정도로
위로를 구하며
산 입구에서 꼭대기까지
하염없이 바람난 마음들,
오래 전 잃어버린
내면의 빛을 쫓는가.
나무들 훨훨 불탈수록
슬픔은 더 깊이 가라앉고
견고한 삶의 껍질 위로
어둠은 뱀처럼 기어오른다.

까치가 얼어 죽은 날 얼음 밑을 흐르는

눈보라 자락 밤새 왜를 치고 지나갔다.
도시와 인연을 끊고 들앉은 산막 생활,
아침나절 새 한 마리 날지 않고
병이 나으려는지 다시 사람이 그립다.

얼음이 눌어붙어 켜켜이 쌓인 골짜기,
고요하다.
산의 심장이 불렀는지,
얼음장 깊이 구멍을 뚫고 속을 들여다보니
거기 새소리 돌돌 구르고
약초 우린 양약良藥이 철철, 넘친다.

까치가 얼어 죽은 날 얼음 밑을 흐르는
어쩌면 따뜻한 것도 같은 시린 물에
기억 속의 새끼가재 뒷발질을 놀고
슬려 내리는 작은 돌과 모래들,
겨드랑이를 간질이듯
새살새살 말을 걸어온다.

봄이 오려면 얼마나 더 고요해져야 할까.

세상은

세상은 거대한 신기루
환영처럼 그대 곁을 맴돈다.

세상은 화려한 왕국과 이름을 약속하지만
언제나 비극적인 속임수.

세상은 무한 팽창하는 돈, 섹스, 권력
종국엔 텅 빈 거품.

그대 목마른 이유.

아름다운 풍경

그대가 집을 비우고 여행을 떠난다고 했을 때
아름다운 풍경이 자리를 옮겨 떠돌거나 혹은 머물거나
더 아름다운 풍경이 되기 위하여
빈집을 바라보는 나만큼 고뇌할 것이라 짐작했지.

그대가 떠난 날부터 불 꺼진 집은
목발의 뻗정다리처럼 버둥거리고
미움과 회한의 궁전이 얼마나 세워지고 무너졌든지
풀 한 포기 살지 않는 폐허로 남은
우리들의 어지러운 잠자리
차마 잠들지 못하는 바다의 심장처럼 떨고 있다.

그대가 없는 집은 무덤보다 무겁고 침울하다.
그대가 머무는 곳은 지옥이라도 천국이다.
상한 지푸라기로 지은 내 뜰 안 누옥
희미한 영혼의 알집에 새처럼 돌아와
그대는 다시 아름다운 풍경이 돼주겠니.

더 아름다운 풍경이 되기 위하여
그대가 집을 비운 사이

나는 더 외롭고 더 누추하고 더 그리워하는
빈집 자체가 되었다. 미련한 사랑의 이름으로.

천국

천국은 살아 있는 실재
처음부터 영원까지 지금 여기에

천국은 아버지의 손길이 골고루 닿는
언제나 확실한 약속

천국은 마르지 않는 샘
내 잔이 넘치는 이유

여인의 웃음

  오늘 아침 그녀는 지구상에서 가장 행복한 얼굴로 평화의 메시지를 전한다. 붉은 입술에 살짝 덮인 새하얀 치아, 반짝이는 석류 알을 아작, 깨물어 하모니카 음색 웃음이 피아니시모로 맴 도는 칠흑 정수리에서 백옥이마와 크리스털 눈망울을 거쳐 살구색 볼 위로 자르르 흘러내리는 푸르디푸른 생명의 빛. 눈을 뗄 수 없이 황홀히 감싸오는 여인의 웃음은 세상을 지탱하는 어깨. 견고한 사랑을 깨닫는 날.

행복한 우리 집

우리 집 주소를
가장 잘 아는 사람은 아내다,
아내는 집사람이므로.

손에 꼬옥 쥐어준
생일축하편지 겉봉 주소란
또렷이 박혀 있는 여섯 글자
행. 복. 한. 우. 리. 집.

아내는 우리 집 주인이
처음에는 자기라 하더니
나중에는 남편이라 하더니
이제는 하나님이시란다.

아내로부터
스무 쪽 짜리 연애편지를 받고
우리 집 주소는
행복한 우리 집이라,
우리 집 주인은 하나님이시라
선언하는 날

행복한 우리 집 남편은
스스로 종이 되었다.

부용이 핀다
― 사랑하는 미지에게

누군가 몸피 여린 아내에게
코스모스라 닉네임을 붙였다.
사실 너무나 연약해 바람이 불면
뿌리까지 뽑힐까,
보기 안쓰러운 그녀는
늘 아픈 눈물 보퉁이였다.

시간이 흐를수록 황폐해지는 것이
사물의 이치라지만
도도한 물살을 거스르며
아름다운 성숙에 이르는 어떤 것들,
은혜로운 생명에 젖어
거룩한 질서의 근원에 합류하기까지
먹구름과 장맛비의 골짝에서
얼마나 불화하며 우는가.

때로는 죽음을 탐스럽게 치장하고
탁류에 몸을 던지랴,
유혹하던 오욕과 고통의 담금질,
깊은 구렁텅을 헤맨 시간들,

삶을 괴는 디딤돌로 촘촘 박이고

소낙비 그친 언덕 코스모스 피는 자리
돌연변이 탄생하는 꽃,
올해도 아내를 닮은 부용이 핀다.
포도주 빛 은은한 웃음을 두른
넉넉한 영혼이여.

어둠 속의 만찬

그곳은
왕이라도 범접할 수 없는
지성소였다.
순전한 기름으로 채워진
순금 등잔에
누가 불을 켜두는가.

참한 첫째를 입양하고
참한 둘째를 입양하고
참한 셋째, 넷째를 동시 입양하여
씻기고 먹이고 돌보는
니콜스 부부*의 저녁식탁은
왕의 식탁보다 밝고
더 넉넉하다.

황홀한 어둠 속에서
낯익은 얼굴 하나
엘렌** 가족 여섯과
만찬을 즐기고 있다.

그 앞에

소용없는 2.0 두 눈

무릎 꿇고

벌레가 되다.

* 자신들이 시각장애인이면서 네 명의 한국 시각장애아를 입양 양육한 미국인 니콜스 부부.
** 시각장애를 가진 채 4살 때 입양된 셋째 딸 엘렌 니콜스, 한국명 김광숙. 어엿한 숙녀로 성장했다.

새벽에 누가 울고 있다

지상의 갈증을 위해
어둠 찢는 새벽빛 울음이 터진다.
누가 나를 불렀나,
나는 울음 속으로 들어가
울음을 듣고 보고 만지고
반쯤은 울음소리를 내는 것도 같다.

아우성치는 산맥과 강을 지나
깊은 바다의 침묵에 이르고
하늘사다리를 타고 오르는 울음들,
때가 되면
소란한 도시의 뒷골목
그늘진 대륙의 오지
갈 데까지 다 간 삶들에게
밥이나
살아 있는 물로 내릴 수 있을까.

위대한 꿈을 꾸면 이루어진다는
친구의 말을 생각하며
큰 울음을 연습하는 내 옆에는

지친 영혼을 화살처럼 꿰뚫는
불꽃 하나가

전쟁과 시장을 넘어
황폐한 땅의 뿌리를 만지는 울음을,
순정한 울음을
새벽마다 울고 있다.

詩—돌의 모략

안개 낀 밤
어둠의 뒤를 돌아온
새의 발자국들
비릿한 공기를 쐬며
파도에 쓸리는
돌들을 줍는다.

물기에 젖어 있는 동안
살아 있는 돌,
초롱초롱 시詩로 피어나
호주머니에 가득
절절한 기억들,
집으로 부쳐 보내면

딸은 제 엄마에게
아빠가 죽으면 꺼내봐야지,
한가한 놀음이란 듯
재롱을 떨겠지.

나비처럼,

바다 너울처럼

외딴섬 해변에 출렁이는

돌의 모략謀略.

돌

변산반도 모항 바닷가
파도에 쓸리며 널브러진 작은 돌들,
줍는 것마다 형형색색
영롱한 보석이다.

돌 하나에 사랑,
또 하나엔 행복,
또 다른 하나엔 또 다른 이름을
유심히 점찍어 둔다.

손에 엉기는 작은 돌
한낱 해변의 유희 대상이라도
어느 순간, 광활한 우주를 꿰는
하나의 의미가 되는 것은
내가 그 돌을 주울 때
사랑하는 딸을 생각하기 때문이다.

모항 바닷가
젖은 모래밭을 혼자 거닐 때
하늘의 하늘 위에서

나를 기억하시는 분,
지상의 모든 이름을 외신다.

산에서 길을 잃다

 늦가을 허름한 옷차림으로, 가방 하나 울러 메고 몇 푼 돈 쥐고, 가출, 발길 가는 대로 떠돌다, 마지막에 서울 가서 취직시험 합격발표 보고 오리라, 작정하고 떠난 길. 걷다가 버스 타고, 정류장 가게에서 사이다 탄 막걸리 마시고, 철지난 여인숙에서 꿈속 비마飛馬가 되고, 눈비비고 일어나 한 번도 가보지 않은 고개를 넘으리라, 산길을 오르는데, 넓은 길 끝나는 곳 좁은 길 이어지고, 좁은 길 흐릿해져 그만 산에서 길을 잃다.

 계곡 절개면 산그늘 드리울 때 산등성에 오르면 산세를 읽을 수 있으리라, 오르면 오를수록 산은 더 큰 산 되어, 오르기를 포기하고, 이번에는 아래로, 아래로 내려간다. 내려가다 보면 어느덧 깎아지른 낭떠러지, 더 내려갈 수 없어, 다시 능선을 향해 오르고, 오르다 도저히 안 되겠다 싶어 다시 계곡을 따라 내리기를 반복하다, 마침내 기진해 털썩, 주저앉으면, 산의 적요寂寥, 뱀 혀처럼 등허리에 날름거린다. 홀로 헤매는 깊은 산 속의 고절孤絶, 심신을 저려온다. 아니나 다를까, 비구름 몰려오고 마른번개 친다. 벼락 맞을까, 실성한 사람처럼 또 산을 헤맨다. 빗소리, 번갯불 사이로 들릴듯 말듯 울리는 산의 메시지. 나를 보아라. 나

를 닮아라, 하는

　그때 이후로 그는 산처럼 과묵한 사람이 되었다.

이별연습

수술 받느라 입원한 아내가 여행 온 듯
병실에서 깔깔거리며 밤을 지새우더니
막상 실려 가는 수술대에선 닭똥 같은 눈물 흘린다.

가벼운 유방종양 제거라지만 험한 세상 암일지 몰라
두려워 우는 줄 알았는데,

혹 수술이 잘못되거나 마취에서 깨지 못하면
홀로 남은 당신, 무척 외로울 것 같아,
그래서 울었어,
당신, 좋은 남편이었어, 그 말을 하려는 순간
그만 목이 메어 눈물로 말했어,

나중에 귓속에 쏙 넣어준 입김,
아, 사랑은 도무지 감당할 수 없는 매력인가.

언젠가 이 세상 떠나는 날, 사랑하는 사람들 떼어놓는
이별연습 한 번 잘했네.

무엇을 보려고 해는 떠오르는가

우도* 동쪽 바닷가 아침은
아무리 빨리 도착해도 늦다.
밤을 새워 노동한 고깃배들이
초병의 기다림보다 더 간절히
귀항의 새벽을 기다리므로
새벽 끝에 오는 일출은
환영받지 못하는 게으름뱅이.
하루에 두 번 밀물과 썰물은
바닷가 땅을 지웠다 만들고
만들었다가는 지우고, 그 땅에
해초며 조개며 게들이
제 길을 내느라 부산하다.
등대는 빛을 잃어 한가하고
큰 배는 흰 고래처럼 지나간다.
철썩철썩, 바닷가 아침은
늦장부린 게 스스로 부끄러워
어디론가 달아나고 없다.
무엇을 보려고 해는 떠오르는가.

*우도牛島 : 제주도 북제주군 우도면에 속한 섬.

시인들의 밤
― 부안 詩祝祭를 다녀와서

만灣 안 암초를 따라
가을 전어錢魚떼 엉기는
그날은 밤이 있었는지 기억이 없다.

詩愛人들이 말놀이하다가 그만
마음을 들키고 말아,
거기 견고히 놓인 어둠의 바위
치명적인 뿌리의 어디쯤
총알보다 빠른,
돈보다 강한
세 치 혀,
벼린 은도끼, 금도끼로
찍고 또 찍었다.

도끼날이 내리꽂힐 때마다
쩡쩡, 텅텅 튕기는 섬광,
어둠의 부스러기들,
언어의 파편들,
몸살을 앓았다.

뒤척이는 꿈이라도 꾸며
위로할
밤이 있었더라면,
돈과 총 대신
예리한 시어詩語가 없었더라면
저 빌어먹을 바위처럼 미련하게
말놀이는 하지 않았을 텐데……

그날,
전어錢魚는 잠들지 않았고
옆구리에 쓸리는
시퍼런 바다도 잠들지 않았다.

치욕의 순간

부끄러움을 모르는 사람,
필리핀 세부*, 라니까
대뜸 하는 말,
놀러갔구먼.
컴패션**이 그렇지?

가라앉았거나 부유하는
질탕한 욕망에 까불러
수많은 버려진 아이들을 외면하고
세부를 관광지라 부르는 것은
언어의 치욕이다.

비로소 깨물어본
무덤마을 빈곤 앞에서
기원전 인간을 본다.
왜 이토록 부끄러운가,
망고 속껍질 같은 아이들 머리상처에
석회 가루가 치료약이라면
문명은 치욕이다.

치욕의 순간에
부르르 떠는 거리의 말똥냄새
시퍼런 분노를 잉태하고,
내 속의 실낙원을 응시한다.

네 자신을 알려면
무덤마을에 한 번 가봐, 그 말밖에
나는 더 이상
컴패션을 설명할 수 없다.

* 필리핀 관광지, 무덤마을 등 빈곤지역이 광범위함.
** compassion : NGO(국제 어린이양육기구).

은검초*

조상의 땅** 중에 가장 신성한 할레아칼라***
분화구 오름목 차디찬 암석들 사이
미끄러지듯 화산재를 딛고 서 있는 외계인,
해발 3천 미터 극한 속에서 한 방울 이슬로 목을 축이고
온몸에 형형한 은빛이 스밀 때까지 오직 돌아갈 별을 생각한다.

끈적끈적한 것들은 다 아래로 내려갔다.
아래로 내려갈수록 꽃과 나무와 풀은 물댄 동산의 말처럼 왕성하고 요염하지.
아무리 아름다울지라도 아랫것은 더럽고 이미 돌이킬 수 없는 오염원이지.
오를수록 메마르고 오염을 허락하지 않는 태양의 집,
구름 위의 황막한 영토,
태우고 태워 남은 재 또는 광물질들만 모여 사는
요요한 멸절의 옥獄,
그곳이 은검초 서식처인 걸.

아래로부터 온 너희 젖은 손으로 그를 만지지 마라.
언젠가 죽을 너희를 위해 그가 죽으리라,

반드시 죽으리라.

오직 한 번 그의 별에 보내는 불꽃 신호,

대형 원통 꽃을 피우고,

자진自盡하리라.

은빛 칼은 처음부터 예비한 것이다.

* 은검초銀劍草(silver swords) : 하와이제도 마우이 섬 할레아칼라 화산 분화구 주위 해발 2,500m 이상에서 자생하는 희귀식물. 잎은 은빛 칼 모양. 몸체보다 몇 배 큰 원통형 꽃이 피고 사람 손이 닿으면 죽는다고 전해짐.
** 하와이는 조상의 땅이라는 뜻.
*** 태양의 집이라는 뜻. 하와이 마우이 섬 위치 세계최대의 휴화산(높이 3,055미터, 미 국립공원).

포옹

외로운 존재라서 너를 끌어안아야겠다.

돌 속을 깨고 들어가
홀로 살아 갈 듯
단단히 마음 걸어 잠글 일,
다 받아들여 끌어안고, 끌어안고 살아야겠다.
외로워서 너를 거부할 수 없다.

거부하고, 거부하고 단단히 살아가다
돌이 되거나 강철이 되거나 하면
외로움 타는 사람들
미칠 것이다.

사람세상이 돌산이나 기계세상이 되면
너를 만질 수 없어,
너의 마음을 만질 수 없어
다른 세상 꿈 꿀 것이다.

하나님도 외로운 척 나를 끌어안는다.

제3부

여의도 시편

원죄

여의도공원 한복판
뽐내듯 서 있는 꽃사과나무,
잘 익은 열매를 바라보고 지나갈 뿐
아무도 따지 아니한다.

강이 공원을 내기 전
무성한 갈대밭 위로 불던 모래바람과
귀를 찢던 임시 비행장의 굉음과
회색 아스팔트 광장의 무미건조를
아무도 기억하지 아니한다.

여의도에 사는 나무들,
신전에 박힌 보석처럼 빛나지만
실은 고향을 떠나 와 뿌리가 약한 것들이다.

차마 꺼내지 못 하는 속내를
풀어내 줄 사람, 누구인가,
그리고 나는 누구인가,
아무도 묻지 아니한다.

오래 묵은 꿈속에서 나는 날마다
여의도공원보다 몇 천 배 더 아름다운 정원을 거닐며
꽃사과보다 몇 만 배 더 탐스런 열매를 훔친다.

여의도의 봄 1

제법 굵어진 빛 알갱이
겨우내 깊어진 눈에 비문飛紋을 일으키는 순간에도
여의도 샛강 습지에 울걱울걱 돋는 참쑥들,
내장에 핀 버짐 같은 천근만근 우울을 들쑤시는데
도려내고 싶은 꿈틀거림 외면할수록
잔인하게 안으로부터 어둠에 결박되는 분노,
늘 빈 공간의 바깥에서 가려운 데를 놓치고
날것들이 걸어오는 말
귓등으로라도 들을 귀가 없는 그림자들,
가득 광장에 부려진다.

칼칼하게 날선 갈증, 여의도 상공에
미묘한 파장을 일으키며 이명耳鳴을 운다.
우주 어디에선가 혹은
아직 발견하지 못한 마음의 뒤편에서 오는
그 선연한 소리에 못 박힌 귀들,
공원 높이 들린 깃발에 걸린 구름처럼
재잘거리는 봄빛 속으로 빠져든다.
그러나 아무도 트럼펫을 들고 있지 않다.
그림자들끼리만 부딪칠 뿐 춤추는 아이 하나 없는 광장

불타는 입에서 나오는 칼의 향기,
치명적인 땅의 기초를 흔든다.
그러나 공중에는 아무런 징조도 없다.

도저한 꽃의 표지, 하염없이 소용돌이치고

여의도의 봄 2

　넉넉한 봄비에
　울긋불긋 우산들 줄을 서고
　엽맥葉脈 투명한 나무들
　많은 물소리를 낸다.

　황사는 아예
　물러갈 모양,
　도시는 거인처럼
　얼굴을 쳐드는데

　낯선 사람으로부터
　고비사막 분지에
　첫 비가 내리고
　이미 서남풍이 분다는
　이메일이 온다.

　그러나 어쩌란 말인가,
　　여의도공원의 꽃과 바람과 나무와 흙과 돌과 집과 연못과 분수와 깃발은
　　그대가 그리운 것을.

갸륵한 눈길

여의도공원 벤치에 언뜻 졸음이 비치는가.
느른한 강을 따라 하구언 위로 일제히 비상하는 새떼,
남해 섬들을 휘돌아 북상하는 꽃들의 전선,
신랑신부가 온다고 누가 트럼펫을 부는가.
겨울 적막을 깨는 황사바람의 손짓.
벌어질락 말락 눈뜨는 산수유 꽃망울과
새끼 밴 암양의 젖꼭지같이 발갛게 물드는
자목련 가지 끝 아, 갸륵한 눈길.

벚꽃축제

언 몸이 풀려 번지는 욕정
가지가지 뻗치더니

봄비엔 누르면 터질 듯
부풀어 오른 새색시 유두처럼
아린 속살을 내주더니

꽃샘추위 끝 연인의 품에서
폭죽처럼 터지는

꽃이여,

은하 우주 수천 억 별들이
땅으로 쫓겨났다는
공공연한 비밀이 떠도는 밤

하늘 길을 비추던
빛들이 사라진 후
눈이 시리도록 너를 바라본다.

축제가 끝나면 마술이 풀릴까.

나무와 비의 탱고

늦여름비가 다다다, 탁, 탁
아스팔트를 드럼처럼 두드린다.

활개를 뻗고 누워 수럭수럭 비를 마시는 여의도공원
열두 문 들며나며
우산을 받아도 젖는 나무,
비에게 철벅철벅 말을 건다.

공중을 찢고 어둠을 캐고 기둥을 세울지라도
정점에 이르거나 핵을 따거나 공간을 다 지탱할 수 없는
그렇고 그런 나무에 관한 이야기들.

고르게 낮밤을 썪어 햇빛만큼 어둠을 먹고
초록이 동나 가을에게 손 흔들며
다가올 빙하기와 개화, 내년의 홍수를 예약하는
늦여름 나무와 비의 탱고.

음악이 흐르는 인공원두막 쉼터 안으로
젖은 발을 걸치고 들어오는 육삼빌딩,
노숙자처럼 눕는다,

노란 두 손을 묶은 채.

전설

아직 할 말이 남았는데
사랑은 떠나가고
여의도에 가을이 오네.

노랗게 물든 육삼빌딩 아래로
수정 강물은 흐르고
흐르는 강물 위로
빨간 조끼를 입은
유람선과 기차가 지나간다.

공원 잔디밭에 뒹구는
추억은, 잠시 꽃구름비늘로 빛나다
마침내 사라질 것이다.

순수한 열정의 입맞춤도
능력 있는 거짓말도
이제 열매를 맺지 못 하는 것은
여의도에 가을이 오고
가을은 인생처럼 짧기 때문이다.

아, 아직 사랑할 시간인데
사랑은 떠나가고
여의도에 가을이 오네.

붉은 강

여름이 다 가고 가을이 오는데
강은 푸르지 않고 분류奔流처럼 흐른다.
여전히 흙탕물 그대로다.
하늘은 멈칫멈칫 푸르기도 한데
돌아선 강의 마음이 영 떠난 것일까.
회복불능인가.
그 푸른 노래는 전설이 되는가.
아무리 하늘이 푸르러도
끝내 배반하기로 작정했단 말인가.

상류의 산과 계곡, 들판과 숲이며, 개울이
포용하다, 포용하다 쏟아 버린
오염의 찌꺼기들, 어둠의 뿌리들
강바닥 가득 가라앉아
강은 붉은 강이기를 주저하지 않는다.

강은 짐짓 호수처럼 단장하고
강변도로를 지나는 차창들과
차창 안의 얼굴들을 붉게, 붉게 물들인다.
강물을 마시는 사람들

속까지 붉게 물들면
독주를 마시지 않아도
단풍 익는 가을은 오겠지.
가을강의 저녁놀은 가관이겠지.
폭죽 터지는 밤의 축제도 마련되겠지.

강이 상류에서부터 조금씩 맑아지지 않는다면
가을은 오지 말아야 하며,
푸른 강의 이름은 거짓이 될 것이다.

어느새 여의도에 가을이, 온다

여의도공원이 내려다보이는 빌딩 사무실에서
공원에 심겨진 나무들을 본다.
돌고 도는 계절 속에 여름 한 철 보낸 나무들,

느릅나무, 참느릅나무, 피나무, 회화나무, 쉬나무, 노각나무, 산딸나무, 마가목, 복자기, 수양버들, 자귀나무, 덜쩡나무, 소나무, 은행나무, 계수나무, 자작나무, 보리수, 조팝나무, 화살나무, 사과나무, 배나무, 감나무, 살구나무, 자두나무, 매실나무, 단풍나무, 능소화, 꽃사과, 산사나무, 잣나무, 섬잣나무, 눈향나무, 개섬야광나무, 개쉬땅나무, 주목, 느티나무, 참나무, 산벚나무, 산목련, 야광나무, 때죽나무, 산철쭉, 자산홍, 산뽕나무, 모과나무, 산수유, 모감주나무, 물푸레나무, 팥배나무, 쪽동백, 구상나무, 명자나무, 모란, 수수꽃다리……

천지개벽으로 한반도가 열대가 되지 않는 한
가을의 이별과 겨울 눈바람을 피할 수 없는 이치를
나무들은 미리 알아채
잎 새에 변색을 시작하고, 서둘러
꽃 진 자리 천형처럼 자기 복제를 위한 열매를 매단다.

소나무 몇 그루 아무리 푸를지라도 폭설이 내리면
나무들 검은 말뚝이나 그림자처럼 서성일 테지.
겨울이 오기 전 수많은 나무들 중 가장 먼저
단풍 들거나
열매를 매다는 나무 한 그루,
누가 지목할 수 있을까, 그 나무만 아니라면
줏대 없는 나무들 단풍 들거나 열매 맺는 수고를 그치고
노상 여름철의 풍성하고 푸른 맨 젖가슴을 주무르며
달짝지근한 열대과일 향에 취해 있을 텐데……
누가 최초에 물들거나 열매 맺는지 알기도 전에
  여의도공원 나무들 우르르 단풍을 입고 새와 바람과 대지에게
  단맛을 살짝 입힌 쓰디쓴 열매를 안겨버린다.
  열매의 핵은 언제나 쓰지 않던가.

  진실한 사랑은 아무리 외로워도 돌아서지 않을 것이다.
이미 최초의 나무를 따라
단풍 들거나 열매를 맺는 길을 떠났으니까.
나는 살아가는 것일까, 죽어 가는 것일까,
묻는 것은 무의미하다. 어느새 여의도에 가을이, 온다.

매미

아침 출근길 숲길을 지날 때 느닷없이 발부리를 치며 진동하는 참매미 날갯짓 소리. 휙 스치는 소리만 있을 뿐 어디로 사라졌나 했더니 왕벌이 되어 견장처럼 내 어깻죽지에 옮겨 붙은 매미. 나는 그것도 모르고 길을 가는데 지나가는 사람이 빙긋이 웃는다. 매미를 놀라게 하고 싶지 않아 현관을 지나고 계단을 오르며 사무실에 도착할 때까지 나는 가만가만 걸으며 생각한다. 매미는 무얼 먹고살까, 내게 무슨 먹을 게 있는가, 내가 무엇을 줄 수 있을까? 탁 트인 4층 창문을 열고 여의도공원 녹음 속으로 훨훨 매미를 날려 보낸다. 짧은 평생을 사는 매미에게 나는 잠시 쉬어 가는 나무였나.

변곡점

처서와 백로 사이
나무와 풀은 더 이상 자라지 아니하고
낯선 풍경 멋쩍은 시간
외래종 민들레와 작은 클로버 꽃,
끝물 초록 잔디에 별처럼 총총 박혀있다.
샐비어 무르익고 구절초 핀다.
벌레들은 음악회를, 가을은 슬픈 사연을
스스로 준비한다.
여름도 가을도 아닌 수상한 얼굴로
몸서리치는 마지막 노숙의 계절,
겨울이 오기 전
여의도공원 어딘가 꼭꼭 숨은
변곡점變曲點을 찾는다.

여의도공원 천사

해가 낯선 여의도공원
겨울아침을 걸어가는 냉랭함들.
23.5도로 천천히 내리는 햇살
늘어선 고층빌딩이 반은 베어 먹고
밤새 울던 새의 눈물
그늘진 공원 마른 잔디에 눌어붙어
얼음가시를 만들었다.
부스스 졸고 있는 벤치 위
빵의 절규를 쥐어뜯다 멈춘 손
동상에 걸려 붉은 반투명이다.

휘황찬란한 도시의 어둔 뒷골목을 헤매는
야수의 고독한 아노미
누가 자유라 이름 붙일 것인가.
쓰레기더미를 헤집는 닳은 부리
비린 사랑 하나 낚지 못하고
구멍 뚫린 폐비닐봉지처럼
포스트모던 디지털 부호들에 섞여
펄럭이는 깃발소리를 낸다.

먹다버린 공기와 말 뼈다귀들
정신병동 휴게실 소란한 성인아이들같이
낡은 구호를 치켜들고
빌딩 뒤에 숨어 화염검을 휘두르는
태양을 목조르기 한다.
자유여, 빵이여,
여의도공원 노숙천사에게
집이 되고 햇볕이 되는 입술의 노래*는
대한민국 서울 어디쯤 놓이는가.

---

* 입술의 노래 : 조정권 시인의 시 「산정묘지 11」에서 취함.

여의도공원 · 겨울

여의도공원에 겨울이 깊다.
된바람 부는 산책로에 인적 끊이고
떠나간 사랑은 꿈에서조차 멀어질까 두렵다.

잠시 있다 사라지고 사라졌다 다시 돌아오는 것들,
봄꽃과 여름나무의 향기며
가을단풍의 찬란한 노래를
다 간직할 수는 없는 법,
겨울은,
단순히 햇빛 엷은 몇 달이지만
풀과 나무들에겐
잎과 꽃과 열매를 모두 잃어버리는
절망의 가장 깊은 구덩이.

칠십이나 팔십, 길어야 백 년을 사는 인생에게
어느덧 겨울이 왔을 때
(그것은 누구라도 표표히 떠나야 하는 긴 이별이지)
모든 인연의 끈을 놓고
레테의 강 건너 잠의 궁전에 누운
사랑하는 사람아,

지상의 절망이 아무리 깊을지라도
풀과 나무들의 겨울은 늘 알맞지.
그러나 꿈엔 듯 깨어나 그대 홀연히 돌아오는
부활의 날까지
남은 자들은 얼마나 더 기다려야 하는가.

그대를 보고 싶은 마음은 늘 겨울이다.

전쟁 1

여의도에 전쟁이 터졌다, 농민대회가 끝난 후. 먹이를 찾는 표범의 눈길에 어리는 희생양의 무리들, 표적을 향한 살의, 순결한 영혼들의 불타는 함성을 외면하는 마이동풍. 큰 집들은 미남미녀들 휘황찬란하게 불 밝혀 놓고 잠을 청한다. 세상이 떠내려가도 밀실 가득 그득한 고성방가, 와인은 넘쳐흐르고, 나라님들은 꾼들과 어울려 금화를 무슨 아이스크림처럼 한 입 물고 우화를 즐긴다. 농민들은 전쟁을 건다, 미녀들을 향해 돌진한다, 미남들을 끌어내린다, 철벽성을 향해 돌을 던진다, 황무지 같은 고향을 향해, 내 마음의 동토를 향해 얼음 칼을 던진다. 영혼 깊이 각인된 상처, WTO 반대, FTA 반대 머리띠를 면류관처럼 두른, 피와 땀이 흐르는 이마 위엔 희망이 없다. 꿈쩍도 아니하는 마법의 성채여, 결코 도달할 수 없는 카프카의 성이여. 농민들의 전쟁은 승산도 없이 실탄도 없이 시작된 것이었다, 그것밖에 할 수 있는 것이 없기 때문에.

마음은 매춘 남녀의 술잔처럼 갈가리 흩어지고 지향 없이 무겁기만 하다. 전쟁 때문에 집으로 돌아가는 길은 멀기만 하고 아예 퇴로는 막혔다. 떡 버티고 서 있는 한강, 밤안개가 휩싸이는 공원 나무아래 갈 데까지 다 간 노숙, 싸

늘하고 딱딱한 벤치 위 전율하는 새우잠의 낭만, 무직청년은 철제 난간 위에서 별이 와서 빠져죽는 강으로 투신을 꿈꾼다. 멀리 남산타워에 빨간 불이 켜지고, 안테나 동조회로에 걸리는 시그널, 여의도에 전쟁은 무슨 전쟁, 잔치 같은 농민시위와 교통체증이 있을 뿐. 그래서 조금 불편할 뿐. 아무 일 없음. 현란한 변설이 있을 뿐. 여기는 대한민국 서울, 평화의 도시.

 전쟁은 처음부터 여의도가 아니라 에덴에서 시작되어 모든 대륙과 바다에서, 휴전선과 서울 청계광장, 종로와 부안*에서, 이라크와 이스라엘에서, 우리들의 가정에서, 가장 지독한 내 마음에서 아직 끝나지 않았다. 무장 경찰 버스 두 대가 캠프파이어처럼 불타오른다. 성난 함성이 터진다. 어디선가 어쩔 줄 모르는 젖먹이가 와락 울음을 터뜨린다. 칸타빌레 늦가을비가 내린다. 전쟁 때문에 대한민국이 울고 있는가. 나 때문에 울고 있는 아이들. 우리는 어떻게 용서받을 수 있을까.

* 전북 부안. 2003년 위도 핵 폐기장 설치 반대 시위가 일어났다.

여의도공원·새

북위 삼십팔도선 근처면
지구촌은 어디라도
얼음 골짝을 지나지 아니하고는
봄이 오는 법이 없다.

시베리아나
더 먼 곳으로부터 온 철새들
이동 채비 하느라
한강 너머 언뜻언뜻 비껴날고,
아직은 차디찬 대기 속을
어디서 왔는지 깃털 하나
부드럽게 낙하하는
늦겨울 오후 두 시,

여의도공원에 사는 작은 텃새들
봄에 울 울음을 미리
바이올린 E선처럼 운다.

태양은 남회귀선을 돌아
막 저위도 지대로 접어들고,

봄을 기다리는 마음은

눈앞에 보듯

부활을 읊조린다.

어느 프로듀서의 봄맞이 이야기

　술 마시고 외치고 꼴리는 대로 그 짓하고
　황금싸라기시절을 그렇게 분탕질로
　시간과 돈과 정력을, 유산마저 거들내고 갈 데까지 다간 어느 봄날
　돌파구를 찾아 방송국 새끼프로듀서가 된 J는
　돌파구를 찾기는커녕 이동방송차를 타고 돌아오는 마포대교 위에서
　바보 같은 투신을 결행했지.
　낮은 짧고 밤은 언제나 길었지.
　별이 비치는 밤이면 밤마다 강바닥에 허우적거리는 잔영처럼
　일그러진 물밑그림자별이 된 J는
　절망에게 허리를 꺾인 채 적멸의 바다로 떠내려갔지.

　J는 살아 있어도 살아 있는 것이 아니었지.
　유령처럼, 그림자처럼
　전화질을 하고 원고를 쓰고 그림을 만들고 소리를 엮고 음악을 깔고
　빛을 버무리고 머리를 짓이기며 큐를 외치고 (꼴리는 대로)가위질을 하고

무슨 혼을 불어넣느라 춤추는 꼴이 마치
거대한 무덤 속 연극의 한 장면을 연출하고 있었지.

그래, 오늘 J가 연출하고 있는 프로그램의 이름은
대한민국 봄맞이 이야기,
부제는 꽃에게 짓밟힌 겨울.
진실은, J는 여전히 거지처럼 살아 있고
봄 신부 같은 부활은 꿈도 못 꾸지.

어설픈 삶아,
그때 죽었더라면 부활은 희망이련만,
봄이 오는 순간에 온전히 죽을 수 있다면

여의도공원 · 폭설

모두 떠난
섣달 그믐밤
살구색 꽃등이
빤하게 켜진 공원에
폭설이 내린다.
자욱한 눈안개,
텅 빈 공중에
비단 커튼을 드리우고
도시의 스카이라인을
잠시 지워버린다.
지키지 못한
숱한 맹서와 약속들,
잃어버린 꿈의 조각들,
점점이 눈에 밟혀오는
얼음 날갯짓.
여인의 겨드랑이 속살같이
부드럽고
감미롭고
그리웁게
폭설이 내린다.

바람의 안테나

 식목철엔 수만 그루 나무를 심는 나무박사.
 여섯 명이나 순교자를 배출한 집안 셋째 딸이 어머니.
 벚꽃보라 날리는 날 학처럼 살다 먼저 하늘나라 간 여인이 아내.
 아내를 잃고 가족 엠티를 떠나 이슬 내리는 만경평야에 텐트를 치고
 함께 별 헤던 아이들이 아들과 딸.
 섬진강이 발원하는 진안고원 십오만 평 백마산 무릉약초농원이 꿈.
 진주 고을양반과 서울 맨해튼 집주인 방송따까리가 직업.
 벚꽃 흐드러지면 번지는 외상후스트레스증후군이 지병.

 깊은 산 나무는 그저 나무지만 도심정원에 옮겨 심은 나무는 보석이라던
 그가, 산에서 돌아오지 않은 날
 안테나를 세운 바람이 전하는 그에 관한 이야기 한 그루.

---

* 전북 삼례에서 교통사고(2003. 9)로 사망한 故 박준열 KBS 아나운서.

한 줄 긋다
― 방송PD라는 직업의 결말

말(言語)공장에서
빛과 소리를,
분초分秒를 먹고 산다.
먹고사는 일
인간적이라는 이유로
참사람을 버렸다.
빛도 소리도, 시간도
입과 위와 똥구멍을 지나는
질료일 뿐
영원을 캐지 못하고
삼만도 번갯불을 켜지 못하고
참된 웃음과 평화,
고요한 기쁨을 놓치고
짐승처럼
조잘조잘 시부렁시부렁
한 줄 긋다.
정말 미안하다.

여의도 소나무

 눈보라 몰아치는 진경산수화 속을 금방 암수 청록 떼가 걸어 나올 듯 훤칠하게 줄 선 여의도 소나무. 이름난 조경사의 눈에 띈 죄로 잔가지와 곁뿌리를 잘리고, 황급히 옮겨 앉은 자리 어느새 숨이 고르고 영혼이 맑다. 여의도에 심겨진 나무들 중 가장 비싼 값을 치르고 옮겨온 뜻, 아는지 모르는지 지나가는 바람에게 푸르게 숱진 머리를 흔든다. 가까이 가면 갈수록 키 큰 은행나무보다 높고 깃발이나 빌딩이나 남산보다 높으면서, 기특한 것은 오만함을 모른다. 심산유곡 산등을 지키던 물성대로 이제 도심 공원에 뿌리를 내리고, 시장과 광장의 깨어 있는 귀들을 위하여 세미한 솔바람 소리를 만들어 준다.

| 장충길의 시세계 |

매트릭스 산책로에서 에덴에 이르는 길

박 남 희
(시인·문학평론가)

1. 꽃과 바람에 이르는 한 길

 신은 인간을 성과 속이 공존하여 갈등하는 존재로 창조하였다. 인간의 이러한 두 가지 속성은 인간의 내면과 외면 모든 곳에 존재한다. 그러므로 인간은 세상을 살아가는 동안 자신은 물론, 자신을 둘러싼 타자들과 무수히 소통하면서 갈등한다. 즉 인간의 내면과 외면에는 코스모스와 카오스가 늘 공존해 있다. 이러한 이치를 바탕으로 인간을 둘러싼 모든 것들은 변화하고 생멸한다. 계절 따라 꽃이 피고 새가 날아오고 바람이 부는 현상들도 이와 같은 원리의 일부라고 말할 수 있다.

장충길 시인은 이 시집의 첫머리에 꽃과 바람의 이미지를 등장시키고 있다. 일반적으로 꽃과 바람의 이미지는 서로 상충되지 않고 상호 보완적인 경우가 많다. 꽃이 피려면 따뜻한 바람이 불고, 바람이 불어 꽃을 더욱 생동감 넘치고 향기롭게 한다. 이렇듯 꽃과 바람은 상호 소통하면서 인간의 삶에 없어서는 안 되는 중요한 기호로 작용한다. 그런데 장충길의 시에서는 꽃과 바람이 각각 속과 성으로 대립되어 나타난다. 그의 시에서 꽃은 주로 문학이나 시를 상징하는 경우가 많고, 바람은 성스럽고 영적인 바람 즉, '성령의 바람'으로 나타나는 경우가 많다. 시집의 제목이 '바람의 사람'인 것도 이와 무관하지 않다. 우선 다음 시를 읽어보자.

고요히 꽃이 피고 있다.
형언할 수 없는 아픔인 것이다.

노래는 바람처럼 스치고
빛은 해와 달을 공처럼 굴린다.

꽃이 피려고
노래와 빛은 미움이었다.
소리는 모호하고
물질은 궤도를 잃었다.

공허를 내지르며

고요히 꽃이 피고 있다.

형언할 수 없는 아픔인 것이다.

—「개화」전문

  이 시는 장충길 시인의 시론이 응축되어 있는 시라고 말할 수 있다. 이 시에서 꽃은 딱히 어떤 대상을 상징한다고 단정 지을 수는 없지만, 꽃이 피는 행위를 아픔과 결부시키는 것을 통해서 우리는 꽃이 문학이나 시를 상징하는 것으로 추정해 볼 수 있다. 물론 사랑을 포함한 인간의 모든 삶이 아픔 없이 이루어지는 것이 별로 없지만, 이 시의 2~3연을 보면 노래(소리)와 빛(이미지)이 코스모스 상태를 벗어나 카오스에 이르러 꽃을 피게 하는 과정이 나오는데, 이는 코스모스적인 대상을 상상력이라는 카오스로 반죽해서 재창조해내는 문학의 원리와도 상통한다. "꽃이 피려고/ 노래와 빛은 미움이었다"는 시인의 진술은 서정주의 「국화 옆에서」 국화꽃이 피려고 무서리가 내리는 것에 비견된다. 시인은 이러한 상상력을 통해서 질서나 안정보다는 오히려 혼돈이나 공허 속에서 문학이 탄생한다는 것을 말해주고 있는 것이다.

  이 시와 같은 맥락에 놓여 있는 시 「문 열어라 꽃아」에서도 시인은 서정주의 「꽃밭의 독백」의 어법을 패러디해서 문학의 문이 열리기를 열망하고 있다.

구내식당 자장면 한 그릇에 배부른 영혼아,
그대 무엇을 더 원하는가,
꽃이 묻는다.

해와 달, 뭇 별들 서로 주고받는 이야기와
뭍과 물에 깃들이는 모든 생물들,
나고 죽는 비밀, 다 알지 못해도 좋으니
내 연약한 영혼이 나를 존중하는
그 자부심과 극진함으로
꽃아, 너를 사랑하게 해다오.

평생을 두고 쌓아 온 견고한 성
깊은 궁궐 내실에서 너를 맘껏 사랑하여
너와 나의 사랑의 힘으로
해와 달, 별들과 뭍과 물에 사는 모든 생물들
다 합친 것보다 더 값진
우리가 되도록
너에게 이르는 문을 열어다오.

네가 울 때나
구겨진 종이처럼 스스로 버림받았다고
확신하는 순간에도
언제나 어여쁜 꽃아,
구내식당 자장면 한 그릇에도

높은 집 산해진미에도 입맛을 잃은 것은

너를 사랑하지 못하여 깊이 병들었음이로다.

나로 하여금 너를 내 생명처럼 사랑하게 해다오.

― 「문 열어라 꽃아」 전문

  인간은 배부른 것만으로는 만족할 수 없는 동물이다. 문학도 인간의 이러한 욕망의 산물이다. 시인은 '꽃'으로 상징되는 문학에 대한 열망을 우주와 인간세상의 탄생과 소멸의 비밀은 알지 못해도 좋으니 자신의 연약한 영혼이 자신을 존중하는 "그 자부심과 극진함으로" 꽃을 사랑하게 해달라고 간절히 애원하고 있다. 이러한 시인의 독백은 자신의 영혼이 자신을 존중하는 존재론적인 욕망의 산물이면서 동시에 "해와 달, 별들과 뭍과 물에 사는 모든 생물들/ 다 합친 것보다 더 값진/ 우리"가 되는, 시와 하나가 되고자 하는 시인의 열망을 드러낸 것이다. 이 같은 문학에 대한 열망은 시인 자신이 세상의 물질로는 충족시킬 수 없는 정신적인 허기를 가지고 있는 것에서 비롯된다. 그에게 꽃(문학)은 "구겨진 종이처럼 스스로 버림받았다고/ 확신하는 순간에도/ 언제나 어여쁜 꽃"이다. 말하자면 그는 때로 문학에게 버림받았다는 절망감에 슬퍼하면서도 문학을 향한 그의 마음은 변함이 없고, 그에게 문학은 언제나 어여쁜 대상인 것이다.

  장충길 시인에게 있어서 꽃이 가시적인 대상으로서 문학을 상징한다면, 바람은 비가시적인 대상으로서 성령을 상징한다. 성경에서 성령은 성부(하나님)와 성자(예수님)와 더불어

삼위일체가 되는 신의 한 본위(本位)이다. 다음의 시는 시인이 신앙인으로서 성령과 만나는 황홀한 체험을 보여주고 있다.

>바람이 나를 듣는다.
>우주의 이쪽에서 저쪽까지
>한 걸음에 내달아
>크고 작은 별들을 만들고
>별과 별 사이 질서를 세워
>황홀한 기쁨을 노래하게 하는
>태초의 바람이
>어느 날 내게로 왔다.
>
>바람이 나를 듣는 것에
>나는 번개처럼 전율했다.
>민망한 눈과 귀를
>바람을 향해 열어두고
>나는 준비도 없이
>바람을 따라 나서
>광야와 도시를 휘돌다
>불타는 산에 이르렀다.
>거기서 옷을 불살랐다.
>눈과 귀를 불태웠다.
>입술을 지졌다.
>그리고 나는 소멸되었다.

바람이 내 안에서
내가 되었을 때, 나는
원초의 기쁨을 노래하는
바람의 사람이 되었다.

―「황홀한 기쁨」 전문

  이 시의 '바람'은 신의 영적인 상태를 가리키는 상징으로 인격화되어 있다. 그러므로 바람이 '나를' 듣는 것이 가능해진다. 태초의 바람은 우주를 창조하고 질서를 세워서 신의 황홀한 기쁨을 노래하게 하는 존재였는데, 그 바람이 어느 날 홀연히 시인을 찾아온 것이다. 이러한 체험은 시인을 전율하게 만들었고, 급기야 시인으로 하여금 광야와 도시를 휘돌다 '불타는 산'에 이르게 한다. 여기서 '불타는 산'이란 시인이 세속으로부터 벗어나 이르게 되는 성스러운 공간을 말하는 것이다. 시인은 구약시대의 선지자들이 그랬던 것처럼 거기서 세속의 옷과 눈과 귀를 불태우고 입술을 지지게 된다. 그리고 속(俗)으로서의 시인은 소멸되고 그 자신이 '바람의 사람'이 된다.

  이 시는 시인 자신이 체험한 신앙을 '바람'이라는 이미지를 통해서 구체화한 것으로 앞에서 언급한 '꽃' 이미지와는 대척적인 곳에 자리한다. 하지만 장충길의 시에서 '바람'과 '꽃'은 성과 속의 한 쌍의 바퀴가 되어 미래를 향하여 굴러간다. 이러한 상황은 분명히 온전한 상황이라기보다는 불구의 상황이다. 하지만 이러한 불구의 상황이 그의 시를 탄생시킨다. 그의 시는 안정과 평화의 산물이라기보다는 아픔과 갈등의 산물이다. 그는 밝음과 어둠의 경계에서 우는 닭과 같은 존재이다(「피터처럼」).

2. 매트릭스 산책로에서 만나는 신기루들

태초에 신은 세상을 창조했고 그 후 인간은 그 세상 속에 문명을 창조했다. 신이 창조한 것들이 오리지널이라면 인간이 창조한 것들은 대부분 신의 창조물인 자연의 모조품들이다. 그런데 오늘날은 인간이 창조한 것들이 신의 권위에 도전하고 급기야는 인간 자체의 삶을 통제하기도 한다. '매트릭스'는 인공두뇌를 가진 컴퓨터에 의해서 지배되는 인간의 모습을 통해서 기계가 인간을 지배하는 가상현실을 우리에게 보여준다. 특히 매트릭스는 그 구성이 신약성서의 구원자로서의 예수를 매트릭스의 주인공인 네오Neo로 패러디한, 신약성서의 구세주 사상을 근간으로 만들어진 영화로서, 문명의 힘을 신적 차원으로 끌어올리려는 인간의 끝없는 욕망을 드러내고 있다. 이는 구약성서에서 인간이 신에게 도전하기 위해서 바벨탑을 쌓는 것을 연상시켜준다.

조각공원을 빙 둘러보는 눈,
모자이크를 꿰어 맞추듯 요모조모 들여다본다.

거울 속 잘 다듬어진 잔디와 정원수,

돌, 나무, 금속과 플라스틱으로 쪼고 엮은

온갖 물체들, 주인 행세하며

낯선 관람자를 감상한다.

흐릿한 밤의 불빛 속에서

갑자기 생기를 얻어

어둠 속을 걸어 다니는 토우들.

밤안개가 뿜어져 나오는 계곡에서

얼개는 얼개를 낳고

형상은 또 다른 형상을 복제한다.

존재하는 모든 것들 사이

경계가 사라지고,

진짜와 가짜가 무의미한

복제 프로그램들 둥둥 떠다니는

매트릭스 산책로

연결회로를 돌고 돌아

숨 막히는 압력을 마지막 순간에 날려버리는 로그아웃,

클릭 후 화이트, 블랙이 교차하는

조각공원 깊은 밤

―「조각공원」 부분

  시인은 조각공원을 둘러보며 그 조각공원이 "관람자는 살해되고/ 조각이 인간이 되는" 매트릭스적인 가상현실이나 컴퓨터 속의 세상처럼 인식되는 것을 경험한다. 그러므로 관람자가 조각들을 감상하는 것이 아니라 조각들이 '낯선 관람자'를 감상한다. 따라서 "존재하는 모든 것들 사이/ 경계가 사라지고,/ 진짜와 가짜가 무의미한/ 복제 프로그램들 둥둥 떠다니는/ 매트릭스"의 세계에서는 신도 인간도 더 이상 주체가 될 수 없다. 매트릭스의 가상현실은 컴퓨터 속의 가상현실을 미래화 시킨 것으로 볼 수 있다. 시인은 이런 시들을 통해서 가짜가 판을 치는 세상에 대한 경계의 눈빛을 드러낸다.

시인의 이러한 의식은 모든 인식의 불확실성을 해체시키고 모든 것을 편견 없이 새롭게 바라보려는 포스트모더니즘적 사유와도 연결되어 있다. 가을이 되면 낙엽이 떨어지고 떨어진 낙엽은 길 가던 행인의 발길에 짓밟히게 된다. 이러한 모습은 흔히 소멸에 이르는 슬픈 모습으로 비춰지지만, 시인은 오히려 낙엽이 포스트모던하게 바스러짐으로써 "짓밟히는 자유"(「낙엽, 밟히다」)를 얻게 된다는 역설에 동의하고 있다. 시인에게 있어서 포스트모더니즘은 절대적인 믿음을 추구하는 기독교적인 가치관에 배치되는 면이 없지 않지만, 시인은 오히려 낙엽처럼 완전히 바스러짐으로써 새로운 생명을 얻게 된다는 사실을 알고 있다.

이러한 시인의 인식은 그의 또 다른 시 「어메이징 그레이스」에도 보인다. 이 시에서 시인은 영등포로터리에서 집 잃은 개를 발견하고 애완견이 겪게 될 절망을 예견하지만, 개에게는 오히려 잃어버림의 경험이 "개이면서 사람인 줄 착각하던 시간들"에서 벗어나 "진실한 주인이, 손으로 짓지 않은 집", 즉 야성의 집이 따로 있음을 깨닫게 된다는 것을 이야기하고 있다. 이처럼 시인에게 있어서 세상은 허위적인 것들로 가득 채워진 신기루와 같은 곳이다. 따라서 시인이 매트릭스로 표현하고 있는 세계는 허위적 욕망과 속임수가 판을 치는 세속도시의 또 다른 제유라고 말할 수 있다.

    세상은 거대한 신기루
    환영처럼 그대 곁을 맴돈다.

    세상은 화려한 왕국과 이름을 약속하지만
    언제나 비극적인 속임수.

    세상은 무한 팽창하는 돈, 섹스, 권력
    종국엔 텅 빈 거품.

    그대 목마른 이유.
―「세상은」 전문

매트릭스의 세계는 인간이 이 세상에서 경험할 수 있는 가장 신비로운 모습을 보여준다. 하지만 그 세계는 어디까지나 가상세계이기 때문에 현실에서 쉽게 실현되지는 않는다. 우리가 살아가는 세상 역시 인간의 욕망이 환영처럼 떠도는 신기루와 같은 곳이다. 돈과 섹스와 권력이 판을 치는 세상에서 인간은 "화려한 왕국과 이름을 약속하지만/ 언제나 비극적인 속임수"라는 것을 시인은 이미 깨닫고 있다. 이 땅의 삶은 잠시 우리의 눈을 황홀하게 해주는 축제와 같은 것이다. 축제는 그것이 끝나는 순간 마술에서 풀려나게 된다.(「벚꽃축제」) 그렇기 때문에 이 세상의 삶은 만족이 없고 영원히 목마를 수밖에 없는 것이다.

시인에 의하면 인간이 이러한 결핍을 해결할 수 있는 방법은 이 세상을 벗어나 천국에 이르는 길밖에 없다. 시인은 "천국은 살아 있는 실재/ 처음부터 영원까지 지금 여기에// 천국은 아버지의 손길이 골고루 닿는/ 언제나 확실한 약속// 천국은 마르지 않는 샘/ 내 잔이 넘치는 이유"(「천국」)라고 노래한다. 성서의 핵심적인 잠언으로 이루어져 있는 이 시는 시인의 궁극적인 가치관이 기독교적인 신앙에 있음을 직접적으로 보여주고 있다.

3. 여의도를 지나 에덴에 이르는 길

시인에게 있어서 '여의도'는 그의 직업과 관련이 있는 도시적 삶의 공간이면서 한편으로는 무언가를 꿈꾸는 '꿈의 공간'이다. 이러한 이중성을 지니고 있는 여의도는 그에게 있어서 쉽게 벗어날 수는 없지만 궁극적으로는 벗어나야 하는 공간이다. 여의도는 시인에게 있어서 세속적 의미의 에덴동산이다.

  여의도공원 한복판
  뽐내듯 서 있는 꽃사과나무,

잘 익은 열매를 바라보고 지나갈 뿐
아무도 따지 아니한다.

강이 공원을 내기 전
무성한 갈대밭 위로 불던 모래바람과
귀를 찢던 임시 비행장의 굉음과
회색 아스팔트 광장의 무미건조를
아무도 기억하지 아니한다.

여의도에 사는 나무들,
신전에 박힌 보석처럼 빛나지만
실은 고향을 떠나 와 뿌리가 약한 것들이다.

차마 꺼내지 못 하는 속내를
풀어내 줄 사람, 누구인가,
그리고 나는 누구인가,
아무도 묻지 아니한다.

오래 묵은 꿈속에서 나는 날마다
여의도공원보다 몇 천 배 더 아름다운 정원을 거닐며
꽃사과보다 몇 만 배 더 탐스런 열매를 훔친다.
—「원죄」전문

시인이 이 땅을 살아가는 것은 실낙원해서 가짜 낙원에서 살아가는 것과 같다. 그의 실 생활공간인 여의도는 선악과를 연상시키는 꽃사과나무가 있는 곳이며, 신이 에덴을 창조했듯이 무성한 갈대밭에 모래로 인간이 창조한 인공낙원이다. 그러므로 여의도에 사는 나무들은 "고향을 떠나와 뿌리가 약한 것들"이다. 이는 실낙원해서 인간세상으로 유배를 온 인간의 모습과도 흡사하다. 신을 배반하고 에덴을 떠나온 인간에게는 '원죄'의 고통이 따르게 되고, 인간은 이러한 고통으로부터 해방되기 위해 몸부림친다. 시인에게 있어서 이러한 몸부림은 꿈을 꾸는 일로 나타난다. 시인은 "오래 묵은 꿈속에서" "날마다/ 여의도공원보다 몇 천 배 더 아름다운 정원을 거닐며/ 꽃사과보다 몇 만 배 더 탐스런 열매를 훔친다". 이러한 행위는 신앙적인 차원에서 보면 시인이 천국을 꿈꾸면서 천국의 열매를 소망하는 것으로 해석되지만, 한편으로는 세속적인 욕망의 승화된 표현으로도 읽힌다. 이것이 만약 후자에 더 가까운 것이라면, 시인이 꿈꾸는 것은 문학에 대한 열망으로 해석된다.

역설적으로 말하면 문학도 원죄의 산물이다. 그러므로 문학을 하는 데도 고통이 따른다. 그러므로 시인에 의하면 문학을 하는 행위는 탕자가 아버지에게로 돌아오기까지 세상을 떠돌며 자신을 살해하는 행위이다(「언어들이 아프다」). 말하자면 시를 쓰는 행위는 모든 상처에 대한 언어적 복수이다. 만약에 문학을 하는 것이 이처럼 고통을 수반하는 것이라면 그는 왜 문학을 하려는 것일까? 이러한 물음에 시인은 대답한다. "악마적으로 무책임하게 질주하는 짐승의 도시"에서 그래도 쉴 수 있게 해주는 것이 시를 쓰는 일이라고(「쉼을 위한 변명」). 이 땅에서 그에게 쉼을 주는 것은 교회와 가정과 문학이다. 교회가 내세를 위한 쉼터라면 가정과 문학은 현세를 위한 쉼터이다. 하지만 이러한 쉼터에도 고통은 존재한다. 그것은 인간이 본질적으로 성과 속을 함께 지니고 살아가는 존재이기 때문이다.

늦가을 허름한 옷차림으로, 가방 하나 울러 메고 몇 푼 돈 쥐고, 가출, 발길 가는 대로 떠돌다, 마지막에 서울 가서 취직시험 합격발표 보고 오리라, 작정하고 떠난 길. 걷다가 버스 타고, 정류장 가게에서 사이다 탄 막걸리 마시고, 철지난 여인숙에서 꿈속 비마飛馬가 되고, 눈비비고 일어나 한 번도 가보지 않은 고개를 넘으리라, 산길을 오르는데, 넓은 길 끝나는 곳 좁은 길 이어지고, 좁은 길 흐릿해져 그만 산에서 길을 잃다.

계곡 절개면 산그늘 드리울 때 산등성에 오르면 산세를 읽을 수 있으리라, 오르면 오를수록 산은 더 큰 산 되어, 오르기를 포기하고, 이번에는 아래로, 아래로 내려간다. 내려가다 보면 어느덧 깎아지른 낭떠러지, 더 내려갈 수 없어, 다시 능선을 향해 오르고, 오르다 도저히 안 되겠다 싶어 다시 계곡을 따라 내리기를 반복하다, 마침내 기진해 털썩, 주저앉으면, 산의 적요寂寥, 뱀 혀처럼 등허리에 날름거린다. 홀로 헤매는 깊은 산 속의 고절孤絶, 심신을 저려온다. 아니나 다를까, 비구름 몰려오고 마른번개 친다. 벼락 맞을까, 실성한 사람처럼 또 산을 헤맨다. 빗소리, 번갯불 사이로 들릴듯 말듯 울리는 산의 메시지. 나를 보아라. 나를 닮아라, 하는

그때 이후로 그는 산처럼 과묵한 사람이 되었다.
─「산에서 길을 잃다」 전문

마치 정지용의 「백록담」을 읽는 듯한 느낌을 주는 이 시는, 허름한 옷을 입고 서울로 취직시험 합격발표를 보기 위해 떠난 주인공이 우연히 오르게 된 산에서 기진해서 헤매다가 종국에는 "나를 보아라. 나를 닮아라" 하는 산의 메시지를 듣게 된다는 서사를 담고 있다. 물론 이러한 내용은 별반 새로울 것이 없지만 이 시가 주목되는 것은 이 시의 결말에서 보이는 산의 상징성 때문이다. 시의 주인공이 산을 헤매는 과정은 흡사 인간이 세상을 헤매는 과정에 비견될 수도 있으나, 결말에 놓인 산의 상징성에 이르면 여기서의 산이 단순한 산이 아님을 알게 된다. 시인이 기독교 신앙인이라는 점을 염두에 두고 해석하면 산은 온갖 고난을 이겨낸 예수 그리스도의 상징이 되고, 시인의 차원에서 읽으면 산은 문학의 높은 봉우리를 상징한다고도 말할 수 있다. 이처럼 이 시는 장충길 시인의 중요한 두 길인 신앙과 문학의 길을 아우르는 시라는 점에서 그 무게감이 느껴진다.

그가 산을 오르는 일은 그의 삶에서 중요한 '변곡점'을 만

나는 일이다. 그가 자신의 삶 도처에 숨어 있는 변곡점을 찾아 헤매는 것은, 끝없는 계곡과 능선이 펼쳐져 있는 산속에서 살아나는 길은 변화를 추구하는 것임을 깨달았기 때문이다. 신앙과 문학은 그가 산속을 헤매다가 찾아낸 중요한 변곡점들이다. 그러한 것들은 "여름도 가을도 아닌 수상한 얼굴로/ 몸서리치는 마지막 노숙의 계절"(「변곡점」)을 보내고 있는 그에게 산이 내려준 선물이다. 이러한 선물을 산의 높은 정상으로 이끄는 것은 그의 몫이다.

지금까지 장충길 시인의 시세계를 살펴보았는데, 그의 시세계를 아우르는 것은 기독교적인 세계관이다. 그는 허위로 물든 광야와 도시를 휘돌다 불타는 산에 이르러 눈과 귀를 불태우고 불로 입술을 지진 후 원초의 기쁨을 노래히는 '바람의 사람'이 되었다. 그의 시는 정지용 시인이 보여준 산으로 상징되는 신앙적 높이와 서정주 시인이 보여준 세속적 꽃의 아름다움을 아우르면서, 궁극적으로는 신앙과 문학이 하나가 되는 곳을 지향하고 있다. 그렇기 때문에 그는 문학으로 신앙을 포장하려 하지 않고 신앙으로 문학을 구속하려 하지 않는다. 그의 시에서 대표적인 두 이미지인 '바람'과 '꽃'은 서로 상반되는 의미를 지니고 있으면서도 자유롭게 소통하면서 아름다운 자연을 이루고 있다. 아직은 기독교문학의 기반이 그리 튼실하지 못한 이 땅에서 그의 문학이 보여주는 건강하고 따뜻한 목소리는 새로운 변곡점이 되어 어둡고 추운 이 땅을 밝고 따뜻하게 데워줄 것이다.

| 장충길 |

경남 밀양 출생(1951).
경북고, 강서대학교, 횃불트리니티신학대학원대학교 M.Div(목회학 석사) 졸업.
KBS PD 역임, 한국방송대상 수상, 목사, 한국시인협회회원,
한국사회복지사협회회원.
2005년 『시사사』(이수익, 조정권 추천)로 등단.

이메일 : cg1527@naver.com

바람의 사람 ⓒ 장충길 2008
───────────
초판 1쇄 발행 · 2008년 10월 30일
초판 2쇄 발행 · 2008년 11월 20일
2 판 1쇄 발행 · 2025년 11월 25일

지은이 · 장충길
펴낸이 · 이선희
펴낸곳 · 한국문연

서울 서대문구 북가좌동 324-1 동화빌라 202호
출판등록 1988년 3월 3일 제3-188호
대표전화 302-2717 | 팩스 · 302-6053
디지털 현대시 www.koreapoem.co.kr
이메일 koreapoem@hanmail.net

ISBN 978-89-6104-409-7 03810

값 13,000원

* 잘못된 책은 바꾸어 드립니다.